覺醒的生命

催眠回溯療癒法 臨床記事

作者 甘惠杏 Cindie Kan

聲明

這一本書是由「心」出發，分享在覺醒的路上，我(Cindie)使用催眠回溯療癒法幫助人的點滴，期望藉由此書可以幫助到更多的人。

基於個案保護法，故事中的所有人名都是經過更改，內容有所更動，保護個案，除非個案要求以真名呈現故事。

故事中描述主角如何在生命的關鍵時刻，將所遭遇的困境，轉變成開朗的、正面的、美好的人生。

過程中難免會提起一些負面的、難過、傷心的字眼或事情，這一切都是為了接下來開展正面的改變，所做的鋪陳。

不論當您閱讀本書時產生的任何心念，我祈願都會將在最適當的時機轉化為正面力量幫助您。

本書的誕生，要感謝所有接觸過的人、事、物以及周遭的一切，還有正在閱讀的您。

目錄

作者 甘惠杏 Cindie Kan

淨念身心靈催眠中心 Pure Mind Hypnosis Center

督導級心理諮詢師---中國心理二級諮詢師

China Licensed Mental Health Counselor

NGH 催眠治療師暨導師 NGH Hypnotherapist, CI

美國精神分析師研究生 Psychoanalysis Candidate

美國金頭腦兒童潛能開發中心講師

NLP 高階執行師 NLP Master Practitioner

美國心理協會(APA)會員 APA Member

美國紐約大學心理學碩士 台灣輔仁大學應用心理學士

New York University, Master of Community Psychology

曾任

*美國紐約移民社會服務中心輔導員--協助移民家庭問題 （夫妻，親子，

  幼教，工作.....等等）(Immigrant Social Service, New York City, USA)

*台灣救國團新竹專業張老師--兩性關係研究員, 高中生輔導員

*台北縣政府婦幼中心社工--家庭婦幼專員

*高品文化教育-- 負責台灣朱宗慶打擊樂器中心的心理教育諮商師

專注領域

*<u>心理諮詢</u>（專注領域：催眠回溯療癒法暨身心靈整合）

* <u>專業催眠回溯療癒</u>(1997 開始)--前世回溯(找回生命的初衷)，運用<u>催眠</u>處理人際關係， 兩性關係，潛能開發及兒童人格教育，企業主心理健診及梳理，建立企業文化。

*<u>兒童潛能開發</u>----胎教，兒童潛能開發，兒童教養。

*<u>營養推廣講師</u>---營養與過動兒、樂齡與營養、心理健康與營養。

*<u>風水，水晶能量研究員</u>。

以下涉略範圍都是 Cindie 曾用心的學習其中的精髓 ：

中醫 針灸 中國武術 太極拳 八字 風水 命理 日本劍道　日本居合道 營養學 靈氣 宗教 琵琶 古箏 書法 另類療法 宗教

「催眠回溯療法」

首先要對本書中的<u>催眠回溯療癒法</u>做個說明：

「**<u>催眠</u>**」：催眠(Hypnosis)的狀態是：

「<u>心靈非常集中在想要注意的事物上、而身體是處在放鬆的狀態</u>」**催眠的狀態可以自發性產生** ，如熟睡前的狀態；也可以**經由引導**進入一個似睡非睡的放鬆狀態。

催眠是一個很古老的方法，每個人日常生活中不斷的在運用，有名的心理學家佛洛伊德也曾經研究過催眠，但後來在傳統心理學中不再被重用，目前一般的大學裡面並沒有這樣專門的課程，所以許多專業的心理助人工作者，不一定會有效率的運用這種方法。可是隨著時代的進步，量子力學的急速發展，不論科學和醫學都已經開始有專業人士深入研究這個主題並運用。

「**<u>回溯</u>**」： 是指過去的時間點，<u>過去</u>可以是昨天，去年，十年前，20 年前，小時候，甚至過去世(如果你願意接受)，宇宙的初始點。

「**<u>催眠回溯療癒法</u>**」：進入催眠的狀態下回到關鍵事件的過去時間點(因為該事件引起現在的困境) ，然後催眠療癒師針對該事件所產生的種種情緒或想法做處理、調整後，使得當事人現在的困境得以解決。

作者(Cindie)以心理系的學術背景，結合諸多方法（所學到的中國文化的精髓及西方科學的實證方法）長期的運用在臨床助人工作。本書的重點在呈現在運用催眠回溯療癒實際幫助人解決生命困境時發生的種種，經過整理分享給需要的人，期望對人類社會有所幫助。

書中分享來自 Cindie 20 多年來進行催眠回溯療癒的部分故事，所有的內容，都是 Cindie 親自書寫的，由本書中可以對 Cindie 所進行的催眠回溯療癒過程及方法有貼近的認識，同時也對催眠療癒師 Cindie 本人有所認識。

故事中包含：A. 回溯時的紀錄，B. 進行催眠回溯療癒後，個案發生的改變，C. 催眠療癒師的話。

最後提出一些「如何找適合自己的催眠治療師」基本及重要建議，希望可以縮短您找到適合的催眠回溯療癒師時間，開展您的潛能，得到身心靈的健康、放鬆、快樂並幸福的生活！

若本書引起您的任何負面想法，Cindie 在此先向您說聲對不起、請原諒我、謝謝你給我機會、我將以愛護的心繼續在未來的路上調整我自己達到可以在您覺醒的路上成為最重要的助力。

作者的故事

記憶中，在兩三歲時經常在家門口手指著天上說著想回家，雖然在現實世界裡面我（以下「我」皆指本書作者 Cindie）生長在一個父母疼愛、兄姐關愛且富裕的家庭。

理論上兩三歲的小孩怎麼會有這樣的感覺呢？而這感覺一直持續到長大！
童年的我，也常看著相處融洽的人群，自己卻覺得總是一個人，雖然看似談著話聊著天，但卻總覺得和這些人好像是在不同世界裡！

「**我為什麼活著？**」這個問題從小就一直跟著我，所以多愁善感、多心思是跟隨多年的評語。於是在國中時就想：「如果有一個學問可以了解別人的心裡想什麼，還有方法可以幫助別人解脫心裡的痛苦，那有多好！」

當初一個心願，大學如願的考上輔仁大學應用心理系，當時輔大應心是將心理學運用在各個層面上非常有名的學校，我非常幸運地認識當時剛回國的一批老師，讓我如魚得水，自認為如願以償。當時因為大環境的關係，所以<u>工會</u>，以及<u>弱勢團體</u>都是我實習時關注的對象。

畢業之後，因為我知道需要實際的工作經驗才可以真正的驗證是否可以運用所學幫助別人，所以開始了一連串的工作。我一畢業就成為救國團<u>新竹第一位專</u>

任張老師，讓初出茅廬的我接觸到非常多不同層面的個案，青少年、已婚者、義務張老師，加上需要面對將畢業的全體高中生做演講，以及要適應救國團本身龐大的複雜的團體組織生活，如此多方面的不同層面的衝擊，形成很大的壓力，卻也讓我學到很多，想要做的更多、幫更多的人。

緊接著我考上台北縣政府婦幼中心的社工員（當時我是唯一的特例，非社工系的社工），看到社會中這麼多的弱勢家庭、及諸多的婦女問題，迫切想提供更徹底可以幫助人脫離痛苦的方法，更加強了我繼續深造的動力！

之後我又擔任朱宗慶打擊樂器的心理教育諮商師，協助原本只是教音樂的老師如何可以善巧地與家長和孩子溝樋，這讓我進一步在實踐了解到身為一位老師對學生的影響有多大，技術可以學習，但是因為情緒所影響的層面是非常巨大而且因為學樂器所受的創傷是可以避免的！

有這許多的工作經驗後，按我原訂的計劃，需要得到更高的學位，才能更有能力幫助別人。畢業兩年後出國留學是我上大學時就設定好的，非常幸運地我進入目標中的大學-美國紐約大學 NYU，到了夢想中的城市-美國紐約市，它是全市界最大的城市，最多種族聚集的地方，是可以了解不同人種及文化最適合的地方，當時我專注在「女性議題」以及「跨文化的研究」，以「文化差異比較」的碩士論文畢業於紐約大學 NYU Master in Community Psychology 社群心理學。

畢業後在紐約市的 Immigrant Social Service「非營利事業移民服務機構」
裡面當心理輔導員，在這一連串的過程，<u>非常的充實但同時也讓我深深的感到</u>
<u>無力，因為唸得越多，接觸的個案越多心中的無力感越多，例如夫妻的感情問</u>
<u>題，用盡所學幫她解決的眼前的問題，當她換一個婚姻沒多久又是相同的問題</u>
<u>再出現，到底何時才能真正地幫她解決？</u> 我真的很想找到答案！

除了專業上的反思，我在 1994 年因為身處異鄉（紐約市）時的文化差異，繁
重的課業，外加心理系需要良好的英文程度等等的壓力，讓當時在心理學裡已
經極為專業的我，面對到人生的巨大衝擊時，還是陷於一生中的最大危機！
<u>**此時驚覺到若身為助人者，運用所學尚無法面對及解決處理自身的問題，我又**</u>
<u>**有何能力幫助他人呢？**</u>

「<u>**我為什麼活著**</u>？」又再次成為我生命中最重要的提問，這個提問太重要了！
它勝過課業、感情、甚至所有的一切，當時我外在的展現讓他人以為是種種其
它原因，但我很清楚是因為「<u>**我為什麼活著**</u>？」是當時危機的根本原因，<u>其他</u>
<u>只是展現出來讓我必須正視這生命的重要提問！</u><u>那時終於了解，根本問題不解</u>
<u>決，它總會來找妳的，不管妳要不要去思考。</u>

於是我用極大的決心，想要找到答案。正因為這樣的決心，讓我敞開心胸，放
下所有的心理學專業能力以及自負的身段，積極的尋找不同的方法。

極其幸運的我，在最短的時間內找對覺醒之路，開始學佛，認出生命中最重要的導師，迎來我人生最大的轉機，同時才有正確的概念去學習並運用中國博大精深種種的文化遺產，包括氣功、中醫、針灸、八字、命理、風水、能量、靈氣、 中國樂器（琵琶、古箏）以及日本的居合道、劍道，同時更進而學習正確的「生命教養的課程」──胎兒教育（影響每個人生命的重要的時刻）。

「前世催眠」是我在轉變的過程當中被授予最重要的任務，1997 年我開始進行一系列前世催眠的工作，包括個人的、團體的回溯催眠（包含了回溯療癒），而在這一連串的臨床經驗當中，看到因為催眠回溯療癒做完之後的**每個人**都達到他們要的目的，例如開發他們的潛能、找回自信、找回正面的自己、圓滿夫妻關係、發展身心靈的能力，累積財富、認清累世的功課，更進而了解這一世生命的意義，還有生命任務。

過程中，對我的影響最深遠的是─**清楚了生命的意義、生命的課題、此生的任務**，這是從內心深處真真確確的知道，而不再只是書本上的定義。

於是在紐約大學畢業後，雖然剛開始還是從事傳統心理相關工作，但在 1997 年開始專注於進行「催眠潛能開發」「前世催眠療癒」以及水晶能量風水的工作，在 2009 年開始接觸並研究營養學，而營養學是我研究身心靈中最後一塊拼圖，讓我確切的知道，所有的心理困擾，身體的疾病，生活的困境都是身心靈三方面交互影響的。

營養學同時解答了我 15 年來的疑問「心理的疾病一定要吃藥嗎？」，其實<u>營養是心理疾病問題的最基本的解藥，同時也是最重要的解藥。</u>

我在身心靈三方面都進行個別的學習後，將他們全部的融合整後，我持續的將之運用在生活，一一的驗證身心靈如何互相影響，並做紀錄，進而可以清楚分辨如何在資訊爆炸時代運用適合的方法幫助他人。

感謝生命中的導師持續的指導，奠定了我理論及實際操作的厚實功力，以及做身心靈整合的<u>催眠回溯療時應有的最高倫理道德標準</u>，這是最重要也是最基本的準則。2012 年因緣際會回到台灣我生長的地方，經過五年來自發性的運用所學在生活的各個層面上，將這些內化到我的生命中並實踐於生活，同時也準備好下一階段的工作---教與授並傳承所學。

有感於自己學習過程中，歷經千辛萬苦、在跌跌撞撞中找到答案，希望透過未來的教與授的工作，可以達到「幫助別人解決心裡的痛苦」的目標。不僅只是幫助需要的個人、助人者(醫生，護士，律師，老師，社工，心理工作者)、為人父母者、照顧者、進而可以影響到社會的企業主達到世界更美好的目的。

同時「<u>催眠回溯療癒</u>」是解決所有身心靈產生出來的問題、以及潛能開發的重要方法之一，<u>全面的療癒是未來的治療方向，不論是身體或是心理，而「生命中的提問」也是一個重要及基本的根源所在，尋找的方向對了，到達目的只是時間的長短，</u>所以我致力於提供客製化身心靈梳理的療癒諮詢。

願以這樣的初發心，帶來美好的未來，讓正在看或將看這本書的人都因此每一天各方各面都越來越好，同時得以覺醒自己的生命！

分享的故事

發生在他人身上的是「故事」，對當事者卻是一件「事故」！希望經由書中的故事能帶給人們正面的力量，讓在大家覺醒生命的路上，有多一種助力早日完成心中美好的願。

故事一、療癒傷痛，回溯這一世的種種也可以達到療癒的效果

   人物：現代社會的典型之一，空中飛人的故事-- 45 歲的 Mary

   地點：紐約

旅居美國的已婚婦女 Mary 女士來自非常安穩的家庭，是典型的美國紐約的移民家庭，先生做生意提供了非常富裕的經濟條件，有兩個非常的優秀的孩子，但是最主要的問題是長時間往返兩地的先生有了外遇，十幾年來持續的三角關係讓 Mary 非常的痛苦。

痛苦的是先生已經沒有辦法像以前一樣這麼愛她，但先生又不想放手，而正值青少年的孩子的叛逆，再加上公婆的不了解，讓她深陷苦惱，何去何從？

傳統的中國文化有這樣的事情並不會想去找心理醫生，但是 Mary 心裡的痛苦日以繼夜的蠶食，已經形成了非常大的困擾， Mary 的一位朋友剛好認識我，知道催眠回溯療癒的效果非常好，一定可以幫他，所以經她朋友的介紹來找我做催眠療癒，她來的時候，我們花了一些時間交談，內容並有談很多事情的細節，因為做催眠回溯療癒事前並不需要知道細節，但是卻需要花很多的時間確認她要做的目的性，因為催眠只是一個工具，但是利用這個工具要做到療癒時，我們需要達到的療癒效果就必須要非常的明確，如此進行催眠時療癒才能真的產生，並可以全面的幫助，而不只是解決當下的一個問題而已。

Mary 告訴我她只想得到心靈的安定平靜，在確立的目標之後，我們進行了催眠，當她處在催眠的狀態時，回溯到她在以前面對先生及家人的時候種種事情及當下有的情緒，然後我們將當下的情緒處理掉，在處理掉一件又一件事件所產生的情緒後， Mary 說她的心裡已經輕鬆了許多，在結束的當時她就覺得已經可以面對她的先生及小孩。帶著對自己的寬恕及平靜離開工作室。

後記：Mary 陸續地介紹很多她的朋友來找我做催眠療癒，即使 10 年後的今天，我已經在台灣她還繼續關心我的行蹤。

催眠治療師的話：
個案在進行前曾經問我，「我要看到的前世是真的嗎？催眠真的可以解決我的問題嗎？」
我的回答是，「我們的目的是要解決你的痛苦，如果你看到的前世，經過處理，可以讓你現在的生活更好，那我們的目的就達到了，對嗎？那你看到的前世是真，是假，已經不再重要了，對嗎？」
真正在進行 Mary 的催眠療癒時並沒有回到前世，只處理這一世種種已發生的事件所產生的情緒，就完成療癒的工作。所以回到過去世並不是一定需要的，而是如何可以處理生活上的種種困境才是我們要的目的。

故事二、解決問題於無形，還未正式進行回溯就已經完成療癒！

　　　　人物 ： 兩位 28 歲德國醫生的經驗

　　　　地點：紐約

Liam 和 Elias 兩位優秀的德國醫生到美國見習，輾轉因為朋友的介紹，而來找我做催眠回溯療癒。兩位醫生大老遠的從布魯克林來到了紐約皇后區法拉盛我的工作室只為了要預約療癒時段，當天我照例和兩位醫生先說明了我要進行的方式，但因為他們工作繁忙，時間有限所以在這一次的催眠過程之前並沒有談到太多當事人的催眠動機或背景資料（傳統的諮商這些資料是非常重要，也非常耗時），我們只是釐清他們想達到的目的，再三確認互相可以進行催眠的療癒（互相確認非常的重要，不是只有你需要確認催眠療癒師，而催眠療癒師也需要確認進行催眠療癒是否真的可以幫到對方）。

兩位醫生其中一位 Liam 非常想知道他在焦慮什麼，他尋找的是什麼，他未來到底該怎麼做，但他沒有確切的說明當前是否有特別的事件。而另一位醫生 Elias 原本並沒有要進行催眠療癒，只是陪同前往，不過在進行催眠深度的測試，以及催眠引導療癒，他也一同進入催眠狀態，但因為時間有限，必須配合他們繁忙的行程，我們當天結束了短暫的過程，然後他們愉快地離開。

第二天他們積極的在找我並跟我預約時間，當時繁忙的我特意為他們安排第二次的療程，所以我穿戴整齊在工作室等待他們的來臨，看著兩位醫生拿著一個蛋糕非常高興的到工作室來，然後滿臉笑容的用他們的不甚流利的英文訴說著第一次催眠後，坐地鐵 Subway 回家的路上，兩個人都心情激動的難以平復，Liam 說他在催眠時就找到答案，他知道為什麼會來，也知道將來應該做什麼事情，解決了他二十幾年來所有的困惑也不再焦慮。另一位醫生 Elias 也告訴我，在短暫的催眠當中，也一樣的解決了他心中多年的感情疑惑，同時得到的幸福感是無法形容！

他們為了表達感謝之意，在非常的忙碌的醫生行程中，花了寶貴的時間親手做了蛋糕，還跟我預約見面，花了 4 個小時往返到工作室，只為了送我他們親手做的蛋糕來表達他們無限的感謝之心，送完蛋糕之後，他們就回去了，當天並沒有任何的療程，也沒有更多的交談。留下悵然的我——因為我以為他們是來進行療程，哈哈！

催眠治療師的話：
催眠療癒的過程當中，如果以正確的方法進行，不論你是否有告訴治療師你要處理的事情，或在進入何種催眠深度，療癒一定會完成，也許在當下，也許在未來，也許再來世，療癒一定會發生！

故事三、在進行催眠療癒的當下，一旦你肯定所看到的，

療癒才能真正的開始。

人物：紐約非常有個性的設計師—37歲的SAIKA

地點：紐約

SAIKA是一位非常酷、非常有型的藝術家、擁有藝術家的天份，及固執，同時有著非常敏感的體質，當時為了突破他現有的心理境界，我們進行了催眠療癒，開發潛能，但是過程當中他一直覺得沒有太大的進展，卻在每週進行一次，連續三個月的最後一次他清楚的看到他在戰爭時代所做的工作，以及他為何在同一個地方蟄伏了非常多天，原來他是做間諜的工作，當他開始肯定他看到時，他就忽然領悟，這一世的孤寂感及目標導向的工作方式和在當間諜時的孤寂感以及那裡蟄伏在同一個地方的目的是相同的，那一次他看清所有的過程，並了解到原來他背負的重大任務在身上，不論在當時或是現在，他全身起了非常大的震撼，久久不能自己！

回想催眠過程中三個月的種種，以及平日現實生活上的感應，在完成最後一次的催眠後，他激動地回去告訴他的摯愛，原來他第一次就看到這個景象，原來這些的事情的內容他早就知道了，催眠療癒就只是幫他釐清的過程，讓他自己領悟到，他需要自己認可及肯定所看到的，一旦開始肯定，他的領悟就會帶著他對過去發生的種種事件進行療癒，爾後讓他更了解到生命的意義，而他的藝術工作也更上一層樓。爾後他開始了不同的事業，全面的改變，即使走在不相同的路上，但是因為目標是相同的、堅定的，始終朝著他的目的在前進！

後記：14 年後，機緣巧合在碰到他，看這這位藝術家過著不同的生活，但是卻全身心的愉快，也為他高興，堅持該做的事情，終將到達！祝福他，不忘初衷！

催眠治療師的話：
很多個案在第一次進行催眠的時候，其實就已經看到這重要的影像，但是對於這個影像的認可，卻取決於個案！

很多個案想像中自己被催眠時的狀態，與實際做催眠回溯療癒的情況是不同，所以在做催眠之前的討論是非常重要的，以及信任幫你做的催眠療癒師更是重要。

在進行催眠回溯療癒時，催眠師是如此的重要，所以在進行催眠之前必須要確認這個催眠療癒師是**讓你覺得舒服的，覺得可信賴的，**如果已經信賴催眠療癒師的時候，也請信賴他在催眠療癒中所告訴你的一切，就是「**肯定你在催眠中看到的，那就是你需要療癒的**」。

故事四、心中想解決的事情，療癒在你開口說之前！

        人物：30 歲義大利單親媽媽的療癒

        地點：紐約

Aida 一位的義大利女士，有著一雙非常美麗的眼睛，以及一頭的秀髮。她的媽媽非常疼愛她，Aida 曾經有過一段婚姻，離婚後帶著一個小孩，她有著非常敏感的體質。

「是否應該跟現在的男朋友繼續交往？」這個疑惑讓她有非常大的壓力，原因是對方已婚傳教者，在他們的教義裡，這樣的關係沒有出路，加上當時 Aida 工作壓力很大，美麗的她開始掉頭髮，傳統的西藥她已經吃很久了，只是每況愈下。

當她來進行催眠療癒時，是一個初夏，在進行之前一貫的我們必須要確認她想達到的目的是什麼，「希望更快樂，釐清生命的方向，解脫現在的痛苦」。再詳細問一些時間內容的時候，她告訴我她生命中有一個時段她不想看也不想處理，我說沒問題，在「回溯的過程當中，不想看的我們就不需要去看」。

因為 Aida 的要求，所以在進行年齡回溯的過程，特意沒有提及她不想看的那一段時間，但在催眠的過程中她看到她在一個城堡裡面她看到了黑暗的，像魔鬼般的驚悚場面，過程中 Aida 她的身體不斷的有一些反應，但都是 Aida 可以接受的範圍。

當結束所有的過程之後，Adia 開口的第一句話說「謝謝妳，我最不想看的那一段事情，卻在妳的帶領之下，心中所有的傷心，難過，困惑都已經排解。」，雖然 Aida 最終也沒有告訴我，到底是什麼事件的內容。

催眠治療師的話：

雖然沒有特別對當事人不想提起的那件事情特別去處理，但是因為當事人催眠目的很清楚，而且我們是以**療癒為前提進行催眠**，所以在催眠過程當中看到了許多現象，都是在幫她解決最重要的問題但卻不一定要說不想說的的事情，因為催眠療癒的特性，在處理看到的現象時，同時也處理所有的傷處，事情被理解，轉而完成療癒。

後記：

當事人在結束後，找到了一段很好的感情關係，同時也釐清了生命的方向，雖然生活上的壓力還是存在，但是心靈上的愉悅由那天開始，並且有整體的改善。

故事五、來自中國，華僑小芳的領悟

　　　　生命中的「真愛」—相遇在結婚後

　　　　人物：32 歲已婚婦女的感情

　　　　地點：紐約

長期的異地工作，雖然已經結婚，但因為寂寞加上工作長期接觸到令自己傾心的異性，心中的掙扎如何處理呢？這是許多來自中國的華僑碰到的困境。

小芳來美國之前就有一個很美好的婚姻，她年輕、美麗、大方、又自信，有著疼愛小芳的先生，一雙美麗的兒女，更有幫忙照顧家裡的公婆，小芳還有著美好事業，她說她非常的滿足，也非常的幸福。

第一次見面時，一如既往的我們會確認她做催眠的目的，當時與她談話的內容，我認為她並沒有渴求或目的需要用催眠來做催眠療癒，但是小芳堅持她要進行催眠回溯療癒，因為她的懇切，所以我答應了在繁忙的行程中，額外的替她安排催眠的時段。

在進行催眠療癒時，小芳終於提及她有一位非常好的異性朋友，她不知該如何處理，小芳既沒打算放棄現在的婚姻，也不想放棄現有的關係，但她內心是掙扎的，所以想看看過去到底他們是什麼關係。

她很快地就進入狀況，回到有一世，她看到自己是在一個城鎮裡面遊走的，好似她不存在那個空間裡面但是她可以看到情境裡面的悲歡離合。過程當中她看了很多景象，但是她卻覺得沒有看到她想要看到，所以進行到一半的時後<u>我要求停下來</u>，再次跟個案確認，「**她認為的催眠是什麼**」，以及「**她真心的想要**

解決這是什麼」，如果只是好奇過去世的關係，這樣在進行「回溯療癒」需要比預期更長時間才完成她想解決的事情，因為如果只是對過去世好奇，那就不是我要進行的催眠療癒了。

再次確認後，小芳再次同意過程中所看到的一定要如實地告訴我，她也堅持要將所有的「回溯療癒」過程看完、做完，同時她也放鬆心情，讓一切自然展現。

當再一次繼續進行時，小芳很清楚的看到她自己的孤單，以及她好幾世都是這樣孤孤單單的，事後小芳認為她學習到，「這一世就是要幸幸福福的過一生」，對於她現有的狀況不再感到焦慮。結束後，小芳表示她非常的愉快可以看到這一切。

催眠療癒師的話：

進行催眠時，很多時候都不是我們想像中應該看到的，或是想看到的，常常在結束後會驚訝跟想像當中不一樣，但是請你以開放的心去看這一切，所有的答案都在你進行「回溯療癒」所看到的景象中。當故事中的小芳不再掩蓋她內心的真正的想法時，療癒自然開始，覺醒之路是一直在前進，直到妳達到最終的目的。

後記：

一年後，小芳的朋友特地告訴我，小芳過得非常愉快，而且由「前世回溯」當中得到非常大的協助！雖然我無法確知到底是怎麼樣的幫助，但是可以肯定的是藉由「前世回溯」小芳已經釐清生命當中重要的事情，祝福小芳！

故事六、過去一個情緒，換來現在 20 年的過敏反應

　　人物：29 歲心理系高材生的發現

　　地點：紐約

一位美國心理系的高材生 Clare，在心理諮商輔導工作多年，有非常多的實務經驗，而且也經常的剖析自己、檢視自己，還有固定專屬的督導不斷的進行替她驗證。當時 Clare 自認已經非常了解自我，在她進修學習催眠的課程時，有個療癒的練習，Clare 自認為已經沒有任何需要解決的內心問題或疑問，但是因為課程需要所以 Clare 就隨便找了一個「吃蝦會過敏」這件事來當主題，結果在進行催眠療癒的時候，Clare 忽然才發現原來過敏現象跟父親有關。

回溯的過程當中，Clare 很快地回到過去世，她是一位公主，而她現在的父親在那一世是一位將軍，將軍的責任是保護這位公主，在旅途中公主因為很喜歡敵軍送來的「蝦」，那天晚上晚餐她正要用餐，這位將軍制止了將要送上桌的「蝦料理」，因為懷疑「蝦」中有毒，但公主因為身性高傲、我行我素，因為無法依照她的願望吃到「蝦」當場拂袖而去。爾後在一場戰爭當中，這位將軍意外的喪命，當這位公主知道後，因為再也沒有機會向這位將軍表達「感謝他的保護之恩」以及「亂發脾氣的歉意」，公主非常的懊惱，往後公主每次在看到「蝦」時，就很傷心，渾身不舒服！

那一世的將軍在這一世變成 Clare 的父親，Clare 的父親對她疼愛有加，Clare 在回溯這一世看到小時候對父親的種種不禮貌的心態也心生歉意。因為 Clare 看到過去和現在這一世的種種雷同之處後，心生懺悔並真心的請求原諒。

自此之後 Clare 再也不對蝦過敏！Clare 回想原來從小對蝦過敏並不是只因體質的關係，而是過去種種的牽絆。她非常感謝這個意外的發現！最重要的是她對父親的關係也親近不少，有了意外的收穫！

催眠療癒師的話：

即使身心很健康的人，也有一些細小的事情可以去探討，由此帶領我們走向覺醒生命的路。

有時候看似小小的事情，例如喜歡某種食物或者是某種事物，這背後都有很多不同的原因產生的，透過「回溯療法」，了解最原始的原因，若有悔恨的地方可以心生歉意，並請求原諒，同時當下給予改正，可以美好的事情繼續，修正所有錯誤，讓這一世中得到意想不到的收穫！

故事中的 Clare 看似擁有了一切，但是卻因為探討了心，讓她人生中每個行為都可以得到轉換為更正面的結果！生活更順心，快樂！
這是身為「人」最幸福的一件事，有**反思能力**！

故事七、母女關係的因緣，來自過去互相許下的承諾

　　　　人物：27 歲 Linda 與母親

　　　　地點：紐約、中國

27 歲的 Linda，飄洋過海到紐約，一頭美麗的長髮，體貼的個性，在紐約求學之後便留在紐約工作。她有著穩定的工作，很習慣熬夜處理工作事宜，一個人在紐約的她常常覺得很孤單，夜深人靜的時候常常會想到和母親的關係，雖然她已經成年而且離家多年，但是跟母親的關係非常的糾結，母親非常的愛她，但是非常反對 Linda 出國，所以鬧得很僵。

Linda 在年幼時雖然非常的叛逆，但又非常的愛媽媽。媽媽對 Linda 很好，但是又經常地數落她、保護她又拘束她。這樣糾結的關係讓 Linda 非常的困擾。Linda 想了解為什麼會是這樣的關係，也想改善掙脫這樣的困境。

催眠回溯中，Linda 看到她們共同在的過去世，母親在當時是她的貼身侍女，掌管 Linda 的金錢、財務、進出、同時照顧她一切的生活起居，因為 Linda 當時候在宮裡的生活是非常孤單的，所以非常依賴這個侍女，當侍女臨終時，Linda 答應以後會幫助她解脫痛苦，而侍女也說要一直照顧 Linda、一定會保護她及打理她的一切。因為這樣互相許諾，所以才有這一世的糾結。這次回溯之後，Linda 了解到這是互相承諾的，說好了這一世這樣子的方式互相幫助，原來都是之前約定好的！今生互相作選擇的！

15 年後，再次碰到 Linda，看到 Linda 和媽媽快樂的照片知道他們已經在朝著完成互相承諾的路上前進！

催眠療癒師的話：

最親近的人，總是互相承諾最多的，有了父母才會有「我」的出生，這個出生的禮物，就已經是無價之寶了！父母在生出我們的時候就已經給了最大的禮物，是盡一輩子都還不了的恩情。

希望每個人都珍惜現有的家庭，不論是你的親生父母或者是你的再生父母！

故事八、梳理感情之路

人物：26 歲未婚的舒婷感情、身體療癒追尋之路

地點：中國

美麗大方是舒婷特助的代名詞，在一間美麗的咖啡廳和她相遇，因為她經由同事知道我是催眠療癒師而且是結合身心靈三方面的心理諮詢師，她非常期待與我相遇，所以當天她興奮準備要和我認識，當時我們第一次見面，她看起來非常的累，我告訴她不要逼自己太緊，在徵求她的同意後，我幫她梳理脖子的經絡同時間幫她進行催眠，當時她感覺身心的放鬆，當我開口告訴她感情的事情不要太勉強。她非常驚訝的流下了眼淚，當時沒有機會講太多，於是我們約了催眠療癒的時間。

舒婷在約定的時間，衣著輕鬆的來進行身心靈整體的諮詢，舒婷告訴我因為工作壓力很大，非常的忙碌，雖然身為老闆的特助有很多接觸異性的機會，但是感情生活一直沒有著落，她跟隨的是一個正在創業初期的老闆，老闆非常認真，老闆娘也非常的親切，進出口的工作非常的忙， 老闆又一直在開發新的業務，身為特助的她，需要做的事情非常的多，還有很多的分店都需要她幫忙打理，不僅沒有時間交異性朋友，又常常在公司被亂點鴛鴦譜，舒婷好想有個時間整理自己的感情。同時因為舒婷的家族有很嚴重的病史，造成舒婷也常常懷疑自己的身體是否生病了，當時因為工作壓力，舒婷的腸胃不太好。

在催眠療癒進行之前，確認舒婷是想要<u>探索感情的事情</u>，在回溯時舒婷看她在

一間美麗的房子裡，戶外有非常大且美麗的花園，她的老闆在遠遠的地方前進，舒婷始終跟不上老闆，舒婷心裡覺得似乎永遠達不到那裡。回到房子裡，其中一間是她的臥室，她形容那是一間有鏡子且光線昏暗的臥室，裡面有一個大衣櫥裡面放了非常多的衣服，同時房間零亂的沒有多餘的空間，舒婷穿了一件深色的衣服一直站在鏡子前面，過程中我讓她由許多不同的角度再多看一些細節，但是她始終就一直在鏡子前，她感受到不快樂，一直不快樂。

經由我運用諸多的方法，她開始回到臥室的鏡子前換了另外一件衣，然後她就一件一件衣服的不停的換，但是昏暗的臥室始終沒變，在鏡子面前的她也始終不快樂。

最終當我問「如果你可以得到你想要的，你會變成什麼樣？」，此時她終於看到她換了一件美麗的洋裝，站在鏡子前面，房間灑滿了的金色的陽光，而且房間裡面的衣櫥被整理好了，衣櫥的門可以關起來，舒婷忽然開心起來， 感覺到一切都不一樣了。

結束催眠之後，舒婷一直問我「為什麼只看到衣櫥，而沒有像別人一樣看到這麼多，這麼多有趣的過去世，衣服和衣櫥到對我到底有什麼意義呢？」，舒婷雖然帶了滿腹的疑問，當時所有的答案都無法讓她覺得理解或滿意，但是開心的心情卻是不變的。

結束了這一次催眠療癒時我告訴她，<u>「催眠中妳所經歷的一定都是妳最需要的</u><u>解決方式，妳、我永遠是兩個不同的個體，即使我非常的專業，我能跟妳同</u><u>步，給妳所有的答案，但未必是妳當下需要的答案，而妳未來的生活將展現給</u><u>妳，妳要的答案！」</u>

催眠療癒師的話：

每一個催眠療癒的過程沒有一個是完全相同的，所使用的方法也不會完全相同，只有一件事情是相同的，它的效果是相同的「一定會達到你想要的目標」！

後記：

6 個月後，再次無意跟舒婷相遇，舒婷開心的介紹他那高帥的男朋友兼同事，而且她的工作非常的順利，最重要的是她的身體好多了，也不再掛心她的身體了，合照時她美麗的笑容也變得很開朗。祝福舒婷！

　　內心真正的快樂，透過 Cindie 的催眠回溯療癒是可以實現的，只要你願意！

故事九、晚年的歡樂是一定可以擁有的，只要你願意。

生活中的種種是苦難，還是禮物?

ps.附加價值：<u>專屬於「照顧者或陪伴者」的禮物</u>

人物 ：出生於日據時代的 82 歲喬女士

地點：台灣

這故事是發生在一位親近的長者，喬女士，高齡 82 歲，她的童年是在動盪的日據時代長大的，在重男輕女的中國社會裡，她一日三餐總是在最後一個才能吃到飯，雖然那個時代大家都非常的辛苦但是喬女士承受了更多，因為和親生父母總是聚少離，讓喬女士在不到 10 歲就成為家裡重要的工作者，漫長的歲月中，聰明伶俐的她心算比唸過書的兒女還快，這些生活中種種傲人的事蹟，卻極少在與她聊天中被提及，她常常重複的是<u>早年生活的磨難以及生活中遭遇的種種不順心的事情</u>，而其中讓喬女士最難過的事是 「年輕的時候失去的孩子－喪子之痛」，在 82 歲的高齡還常常聽到她在訴說同樣的事，<u>深深的悲痛從沒有因為她的訴說而減少或得到撫慰！</u>

<u>漫長的歲月中，這個故事訴說了百次以上</u>，她的悲傷似乎沒有出口，心痛的感覺讓我久久不能釋懷！

我非常的想要幫助她，但是以她的年齡，以及知識範圍內，一般的心理諮商或是傳統的催眠並不適合，而專業人士也無法取代親人可以給高齡的人信賴感！<u>而信賴感正是催眠回溯療癒最基本及重要的因素</u>！

於是我提出讓喬女士長期陪伴的親人（女兒）學習催眠回溯療癒，在我的協助下，女兒幫喬女士進行了一連串的催眠療癒，同時我<u>督導女兒如何將催眠療癒實際運用在生活當中，並做討論及調整方</u>式，女兒經過我一次又一次的訓練，以及持續討論進行的效果並加以調整方法，喬女士有著明顯的變化。

終於在三年後的一次的旅行中，喬女士又在重複訴說相同的故事--喪子之痛，喬女士的女兒運用我教的方法，在喬女士訴說失去孩子的痛苦時作適當的處理——「<u>跟她失去的孩子好好道別，感謝孩子的到來，所有覺得對不起孩子的事情跟孩子說抱歉，更祝福孩子能到很好的地方，而她以後在任何情況下都有能力保護孩子</u>」，最重要的事，喬女士也真的能感覺到在當時孩子發生的過程中，雖然她沒有做到完美，她已經盡力做到她能夠做的事！

自此，就幾乎沒有聽到喬女士提到這件事，而喬女士的生活也越來越快樂。當我再去跟她聊天的時候，歡笑的時光已經佔滿了我們的對談！富足的晚年生活，再加上心靈的療癒，喬女士已經帶著歡樂的心情迎向生命中的每一天！

催眠療癒師的話：
<u>父母是我們生命中的第一個「催眠師」，而我們也可以成為父母親生命中最後一位「好的催眠師」！這兩個角色都不是專業的催眠療癒師可替代的，所以每一位有父母的、或將成為別人父母的，「催眠療癒師的課程」是擁有快樂的生活必修之課，因為生命中這兩位催眠師最重要的，影響非常的深遠！</u>

我們出生的時候他們歡笑的迎接我們，當他們需要告別這個世間，我也可以讓他們歡樂的離開。

相同的當我們在成為父母最棒的「催眠療癒師」的同時，也是我們自己孩子最棒的「催眠療癒師」，這真是一舉兩得啊！

故事中，女兒是有系統的學習及訓練，並且持續與督導持續的討論，這樣才可以在進行療癒時達到預期的效果，而不會對當事人造成二次傷害。

更重要的是，幫家人做療癒的人，本身更要避免因為他人的事件而受到影響，所以在有系統的學習及與督導的討論當中，**照顧者**本身是最大的受益者。因為在療癒他人之前，自己一定要先被療癒，這樣妳療癒他人能力才發揮最好的作用，就是"利己又幫人"。

故事十、與父母的的關係，真的是前世互相欠債，還是還是另有故事？

人物：34 歲 Coco 尋求釐清與父母關係之旅

地點：台灣

Coco 是一位嬌小開朗喜歡幫助別人的個性，34 歲的她感情上起起伏伏，將近 10 年在同一段感情上面還無法完全地跳脫出，她的父母在她的感情中扮演關鍵性的角色，也是讓她的痛苦倍增的原因之一。

以她開朗及喜歡幫助別人的個性應該很受父母的疼愛，實際上她從小就不被關愛，連她周圍的親朋好友都覺得不尋常，當她父母介入她的感情之後，她更懷疑父母是否真的疼愛她。

在進行回溯時，回到小時候去處理當時的種種事情及情緒，雖然催眠療癒師用了許多方法，關於她和父母的種種，Coco 還是無法完全從糾結中解脫。似乎要處理的時機還未到。

在多次的催眠療癒中，我們已經處理了她感情困擾，Coco 越來越好，但是她依然還沒放下與父母親關係的傷痛。

爾後 Coco 開始參加了我的課程，有系統的學習自我催眠，有一次她就「與父母關係的主題」去進行催眠療癒，Coco 看到了過去世有好幾世都是她父母的小孩，而她的父母對她也不好，為什麼有重複的事情一直在發生呢？於是回到了事情的最原始點，那一世她的父母（也是這一世的父母）對她非常的好，但是 Coco 在那一世身體有些不適，身心不愉快，常常被嘲笑，所以 Coco 暗自下了一個決心，「<u>來世我一定要長得很漂亮，身體很健康，我可以用父母對我的好來交換這一切，我都很甘願</u>」　，雖然當時只是一個<u>小小的願望</u>，就演變成後來好幾世她的父母對她非常的不好。到了這一世，在當時對她好的父母，輾轉到這一世又再次成為她的父母，<u>來如她的願</u>。　因為那一世 Coco 的父母很疼愛她，也因為對她有所歉疚，所以答應 Coco 未來一定來如她的願。

Coco 看到這裡頓時明白，原來是她自己當初發個小小心願，卻讓她好幾世都遭受相同的痛，當下就心生懺悔，同時下決心要有智慧能夠做正確的許願。

Coco 如今已經對父母釋懷了，了解這一世與父母關係是因為當初是自己所願，並不是因為她對父母做了什麼事情而導致這一世的狀況，如何在這一世造做好的因，未來才會有好的結果。所以<u>「心想事成」是真的，但想什麼才是重點！</u>

催眠治療師的話：

常常我們<u>以為一定是我們前一輩子欠了父母什麼，這一輩子才會碰到無法疼愛自己的父母</u>，當我們真的回到事情發生的原點，在過去時間的時間看到全部的事實，真相也許不是我們想像，催眠回溯的過程中卻一定可以帶給我們心靈上的療癒。Coco 也因為療癒的開始，有了自己更美好的生活。

所以「心想」的事情一定要是讓大家都很愉快，幸福的事，才會大家一起快樂！

故事十一、集體回溯療癒的故事

　　相同的事件，不同的角度，到底哪一個才是真實的？

　　人物：三位朋友的故事

　　地點：台灣

這一篇記錄的是來找我做催眠回溯的個案，經過有系統的學習開始初步的解決身體的疼痛的過程。

Joan 和 David 兩位是互相知道彼此，但是卻從來沒有見過彼此的朋友，Joan 每次聽到 David 的名字，都不想深入話題甚至了解，或者是會很緊張，一次因緣際會當中他們共同的朋友 Angel 想要幫 Joan 解開這心結。

1. Angel 的角度：回溯催眠中 Angel 看到在過去有一世，David 是當官的，但是他卻瞞著朝廷說他還沒有成家，朝廷當時很重用他，皇上也非常喜歡他所以把公主 Joan 嫁他，他的元配非常的難過，而當時元配已經生下了小孩，最後元配在河邊帶著孩子結束生命。

當 Angel 訴說看到這重要但簡短的故事時，在旁邊的 Joan 卻馬上回答這個故事就是她在之前讓 Cindie 做回溯療癒時看到的，當時沒有很在意。Angel 非常驚訝的說，她只是將所看到的故事描述出來，竟然跟 Joan 自己看到的狀況一模一樣的。

於是當 Joan 再依循著這個主題做回溯療癒時，看到更清楚了細節。

2.　Joan 在那一世結婚的時候知道的 David 已經有家室，Joan 也為那原配打抱不平，但是 Joan 知道事情的嚴重性，因為如果被朝廷發現了，David 就完蛋了，不僅會被抄家而且會被誅九族，Joan 於心不忍，覺得既然已經木已成舟，而且在當時的社會是完全沒有退路，所以 Joan 告訴 David 一定要回去將原配母子安頓好再回來，並且交代「一定要告訴元配你已經無法再回去，因為如果事情暴露全家就會遭殃」，當 David 從故鄉回來時，告訴 Joan 一切已經處理好，Joan 自此也就放下了。

可是實際的狀況是，當 David 要回去找他的元配之前，元配母子已經結束了那一世的生命。所以在那一世 Joan 到死的時候，都不知道元配母子已經因為這件事情而結束生命，Joan 在不知道的情況下竟然牽扯到兩條生命的存亡！

回溯中，當 Joan 發現那時候的元配母子已經結束生命，Joan 請求元配的原諒，元配完全無動於衷，並且非常生氣，直到 Joan 告訴元配，「<u>當時有叫 David 回去找妳們</u>」，直到那時，元配才在心中放下所有的怨念，原來他們沒有忘記，還有去找並沒有將她們母子遺忘！　療癒自此開始！

（<u>請求原諒</u>這個部分是催眠療癒中一個重要的技巧，但本書以分享為重點，所以此處並不對此加以著墨。）

當結束所有的回溯過程，Joan 的背也不再痛了，也了解到看到 David 的感覺從何而來，更重要的事，元配也似乎可以放下心中久遠的怨念！Joan 感覺到元配也終於不在徘徊，可以開始另一個生命了！

催眠療癒師的話：

運用催眠加上心理學的理論還須要**有正確的觀念**，是可以解決每一位自身所有問題包括身身體的，心理的，甚至跟別人有關的事情。

但是在達到這個目的之前，<u>一定要有系統的學習以及與督導的持續討論</u>，<u>要如何利用催眠來療癒身心靈</u>。

後記：

1・感謝這篇故事的兩位主角，她們分享的這個故事，因為徵求過她的同意，所以只是如實的寫下故事，希望可以對有需要的人有所幫助。

2・故事中是有結合了心理學的理論基礎，來做療癒的。

3・所有想替他人用<u>催眠做療癒工作的人</u>，一定要有心理準備，

　　（1）<u>自身一定必須要從催眠回溯療癒中得到確實的幫助，</u>

　　（2）<u>需要以人類的最高的道德標來進行，</u>

　　（3）<u>有正確的概念做依據。</u>

<u>正確的概念一定是必須經過學習的，並在實際的操作種反覆的驗證，所以一定要小心戒慎地確認及選擇所學習及跟隨的催眠療癒師及督導。</u>

催眠是一個非常好的方法，但是同樣的運用不當的時候，受傷害的不僅是當事人，催眠療癒師本身所受到的傷害是會放大更多，其傷害的程度是無法想像的，所以催眠療癒師應以最高的道德標準來進行，如此才可以真的在幫助別人同時幫助自己。

如何選擇適合的催眠回溯療癒師

催眠師在催眠療癒的過程中扮演了最重要的角色之一，在您尋求改變的過程中，請您一定要花一些時間了解催眠師，這樣你可以事半功倍。

1. 從網站、或催眠師寫的文章、或可以在催眠前跟催眠師先談話，了解催眠師說話的方式是否讓你感覺舒服。最重要的是你是否能輕鬆的跟催眠師對談。催眠師在催眠的過程中扮演了最重要的角色，在您尋求改變的過程中，<u>請您一定要花一些時間了解，這樣你可以事半功倍。</u>

2. 催眠師的背景或經歷並不等於一個人的能力，但卻可以一窺全貌。

3. 催眠療癒師是以幫你解決短暫性的問題或者是處理根本性的問題來進行催眠療癒。這是一定要驗證的方向，花相同的時間如果可以解決全面性的問題，這樣才能是事半功倍，有其它的時間做更多想要做的事情。

Cindie 希望您在每一尋找覺醒的努力都轉換成美麗的禮物！

後記 淨念身心靈催眠中心 簡介

以下是淨念身心靈催眠中心的網站及相關報導，提供大家做參考

淨念身心靈催眠中心　www.puremindcenter.com

email：pm.cindie@gmail.com

WeChat： cindieKan

Line： cindie4134

FB 的粉絲專頁 facebook@cindiehypnosis

Youtube　https://www.youtube.com/channel/UCqEvKBr1C5wnRRXU4H5HUPA

紐約世界日報相關報導：

https://www.worldjournal.com/5615867/article-憂鬱症治療-身心靈三管齊下/?ismobile=true

課程資訊：

A：一對一或一對多的「客制化催眠療癒」

B：課程有「NGH 催眠治療師認證課程」，「自我催眠課程」，「自我催眠之前世回溯課程」，「父母催眠引導課程」，「企業主心理梳理課程」，「精準的建

立企業文化課程」，「兒童之情緒引導課程」以及針對特殊需求而設計的課程

C：「催眠療癒師培訓課程」分初階、中階、高階、導師班。

D：「企業主或領導者精準進階之旅」

心理咨詢　前世回溯　身心靈療法　自我催眠　覺醒生活　潛能開發　催眠證照課程　整合式療法　心靈教練　自我成長　胎兒教育　圓滿人生　成長課程催眠療癒師　自我療癒體驗營體　企業主心理梳理課程　建立企業文化之旅

詳細開課日期請參照網站　www.puremindcenter.com

只要你願意，覺醒的生命，就一定可以開啟，把握這美好的一生！